Übungsbuch 2
Japanisch Grundstufe 1

Lass uns zusammen Japanisch lernen 1!

Übung der Schriftzeichen

みんなで学ぼう日本語 1
Min'na de manaboo Nihongo 1

練習帳 2 - 文字
Renshūchō 2 - Moji

Shin`ichi Okamoto   Christian Flack

Sprachschule MANABI

Biografische Information der Deutschen Nationalbibliothek.

Die Deutsche Nationalbibliothek verzeichnet diese Publikation in der deutschen

Nationalbibliografie; detaillierte bibliografische Daten sind im Internet über

http://dnb.d-nb.de abrufbar.

Impressum :

© 2021   Shinichi Okamoto, Christian Flack

Herstellung und Verlag : BoD – Books on Demand, Norderstedt

ISBN-13 : 9783754352960

Vorwort

Die vorliegenden zwei Übungsbücher wurden als Ergänzungswerke des Japanisch-Lehrbuchs „Lass uns zusammen Japanisch lernen 1!" entwickelt. Deshalb sollten Sie auf jeden Fall nach dem Lernen jeder Lektion mit dem Hauptwerk verwendet werden. Beim Japanisch lernen ist es wichtig, immer wieder möglichst viele Übungen durchzuführen. Nur dadurch können Sie Ihr natürliches Sprachgefühl erwerben und damit überzeugen. In diesem Sinne ist dieses Übungsbuch sehr nützlich und ideal, da Ihnen reichlich Übungen angeboten werden.

Das erste Buch ist den grammatischen Übungen und das zweite Buch ist den Schriftzeichenübungen gewidmet. Für alle grammatikalischen Aufgaben werden selbstverständlich die Auflösungen beigefügt, um die eigene Antwort zu korrigieren und Ihr Japanisch lernen erleichtern zu können. Nach den Übungen finden Sie eine Tabelle mit wichtigen Redewendungen, mit der Sie Ihre grammatikalischen Kenntnisse nachprüfen und wiederholen können.

Um Schriftzeichen-Übungen (Hiragana, Katakana und Kanjizeichen) zu lernen können Sie die Blöcke benutzen, dabei werden die Strichfolgen aller Schriftzeichen nummeriert. In einigen Kästchen werden die Zeichen wie ein Wasserzeichen hell hervorgehoben. Sie können sie dadurch richtig schreiben, wenn Sie drauf malen.

Die Japanische Sprache ist eigentlich weder eine leichte noch eine schwierige Sprache, aber es gibt viele verschiedene Regeln und Schriftzeichen, die Sie richtig lernen und meistern müssen. Dafür braucht man natürlich viel Zeit und Anstrengungen. Aber der mühsame Weg ist zuletzt ein kurzer Weg, durch den Sie letztlich Früchte tragen werden.

„Ganbatte kudasai"

Kontaktdaten :

Sprachschule MANABI

Am Wehrhahn 41, 40210 Düsseldorf

Tel.: 0211-2107733   Fax : 0211-2107744

E-Mail : info@sprachschule-manbi.de

url : www.sprachschule-manabi.de

14. August 2021   Shinichi Okamoto   Christian Flack

Übung der Schriftzeichen

Inhaltsverzeichnis

Das erste Kapitel

ひらがなをかくれんしゅう

Hiragana-Schreibübung

ひらがな を かく れんしゅう

あ あ あ あ あ あ あ

い い い い い い い

う う う う う う う

え え え え え え え

お お お お お お お

か か か か か か か
か か か か か か か か か か か か

き き き き き き き
き き き き き き き き き き き き

く く く く く く く
く く く く く く く く く く く く く

け け け け け け け
け け け け け け け け け け け け け

こ こ こ こ こ こ
こ こ こ こ こ こ こ こ こ こ こ

さ さ さ さ さ さ さ
さ さ さ さ さ さ さ さ さ さ さ さ さ

し し し し し し し
し し し し し し し し し し し し し

す す す す す す す
す す す す す す す す す す す す す

せ せ せ せ せ せ せ
せ せ せ せ せ せ せ せ せ せ せ せ せ

そ そ そ そ そ そ そ
そ そ そ そ そ そ そ そ そ そ そ そ そ

た　た　た　た　た　た　た
た　た　た　た　た　た　た　た　た　た　た　た　た

ち　ち　ち　ち　ち　ち　ち
ち　ち　ち　ち　ち　ち　ち　ち　ち　ち　ち　ち　ち

つ　つ　つ　つ　つ　つ　つ
つ　つ　つ　つ　つ　つ　つ　つ　つ　つ　つ　つ　つ

て　て　て　て　て　て　て
て　て　て　て　て　て　て　て　て　て　て　て　て

と　と　と　と　と　と　と
と　と　と　と　と　と　と　と　と　と　と　と　と

な な な な な な な
な な な な な な な な な な な な な な

に に に に に に
に に に に に に に に に に に に に に

ぬ ぬ ぬ ぬ ぬ ぬ
ぬ ぬ ぬ ぬ ぬ ぬ ぬ ぬ ぬ ぬ ぬ ぬ ぬ ぬ

ね ね ね ね ね ね
ね ね ね ね ね ね ね ね ね ね ね ね ね ね

の の の の の の
の の の の の の の の の の の の の の

は　は　は　は　は　は　は
は　は　は　は　は　は　は　は　は　は　は　は　は　は

ひ　ひ　ひ　ひ　ひ　ひ　ひ
ひ　ひ　ひ　ひ　ひ　ひ　ひ　ひ　ひ　ひ　ひ　ひ　ひ　ひ

ふ　ふ　ふ　ふ　ふ　ふ　ふ
ふ　ふ　ふ　ふ　ふ　ふ　ふ　ふ　ふ　ふ　ふ　ふ　ふ　ふ

へ　へ　へ　へ　へ　へ　へ
へ　へ　へ　へ　へ　へ　へ　へ　へ　へ　へ　へ　へ　へ

ほ　ほ　ほ　ほ　ほ　ほ　ほ
ほ　ほ　ほ　ほ　ほ　ほ　ほ　ほ　ほ　ほ　ほ　ほ　ほ　ほ

ま ま ま ま ま ま ま
ま ま ま ま ま ま ま ま ま ま ま ま ま ま

み み み み み み
み み み み み み み み み み み み み み

む む む む む む
む む む む む む む む む む む む む む

め め め め め め
め め め め め め め め め め め め め め

も も も も も も
も も も も も も も も も も も も も も

や や や や や や や
や や や や や や や や や や や や や や

ゆ ゆ ゆ ゆ ゆ ゆ ゆ
ゆ ゆ ゆ ゆ ゆ ゆ ゆ ゆ ゆ ゆ ゆ ゆ ゆ ゆ

よ よ よ よ よ よ よ
よ よ よ よ よ よ よ よ よ よ よ よ よ よ

ら　ら　ら　ら　ら　ら　ら

り　り　り　り　り　り　り

る　る　る　る　る　る　る

れ　れ　れ　れ　れ　れ　れ

ろ　ろ　ろ　ろ　ろ　ろ

わ わ わ わ わ わ わ
わ わ わ わ わ わ わ わ わ わ わ わ わ わ

を を を を を を を
を を を を を を を を を を を を を を

ん ん ん ん ん ん
ん ん ん ん ん ん ん ん ん ん ん ん ん ん

ひらがなで ことばを かくれんしゅう

Grundlaute

あい	あい	あい	あい	あい	あい
あおい	あおい	あおい	あおい	あおい	あおい
うえ	うえ	うえ	うえ	うえ	うえ
いえ	いえ	いえ	いえ	いえ	いえ
おおい	おおい	おおい	おおい	おおい	おおい
かお	かお	かお	かお	かお	かお
かく	かく	かく	かく	かく	かく
きく	きく	きく	きく	きく	きく
いけ	いけ	いけ	いけ	いけ	いけ
ここ	ここ	ここ	ここ	ここ	ここ
あさ	あさ	あさ	あさ	あさ	あさ
うし	うし	うし	うし	うし	うし
すし	すし	すし	すし	すし	すし
せかい	せかい	せかい	せかい	せかい	せかい
そこ	そこ	そこ	そこ	そこ	そこ
きた	きた	きた	きた	きた	きた
ちかい	ちかい	ちかい	ちかい	ちかい	ちかい
つくえ	つくえ	つくえ	つくえ	つくえ	つくえ
てつ	てつ	てつ	てつ	てつ	てつ
とけい	とけい	とけい	とけい	とけい	とけい
なに	なに	なに	なに	なに	なに
にし	にし	にし	にし	にし	にし
いぬ	いぬ	いぬ	いぬ	いぬ	いぬ

ねこ	ねこ	ねこ	ねこ	ねこ	ねこ
きのう	きのう	きのう	きのう	きのう	きのう
はな	はな	はな	はな	はな	はな
ひと	ひと	ひと	ひと	ひと	ひと
ふね	ふね	ふね	ふね	ふね	ふね
へそ	へそ	へそ	へそ	へそ	へそ
ほし	ほし	ほし	ほし	ほし	ほし
なまえ	なまえ	なまえ	なまえ	なまえ	なまえ
みなみ	みなみ	みなみ	みなみ	みなみ	みなみ
むね	むね	むね	むね	むね	むね
あめ	あめ	あめ	あめ	あめ	あめ
くも	くも	くも	くも	くも	くも
やま	やま	やま	やま	やま	やま
ゆめ	ゆめ	ゆめ	ゆめ	ゆめ	ゆめ
よむ	よむ	よむ	よむ	よむ	よむ
ゆき	ゆき	ゆき	ゆき	ゆき	ゆき
やさい	やさい	やさい	やさい	やさい	やさい
そら	そら	そら	そら	そら	そら
りゅう	りゅう	りゅう	りゅう	りゅう	りゅう
よる	よる	よる	よる	よる	よる
れい	れい	れい	れい	れい	れい
いろ	いろ	いろ	いろ	いろ	いろ
わたし	わたし	わたし	わたし	わたし	わたし
かわ	かわ	かわ	かわ	かわ	かわ

にわ	にわ	にわ	にわ	にわ	にわ
ほんをよむ	ほんをよむ		ほんをよむ		
ほんをよむ	ほんをよむ		ほんをよむ		
てんき	てんき	てんき	てんき	てんき	てんき
もん	もん	もん	もん	もん	もん
きん	きん	きん	きん	きん	きん
にほん	にほん	にほん	にほん	にほん	にほん
おんな	おんな	おんな	おんな	おんな	おんな

Stimmhafte Laute

ひがし	ひがし	ひがし	ひがし	ひがし
ぎんこう	ぎんこう	ぎんこう	ぎんこう	ぎんこう
およぐ	およぐ	およぐ	およぐ	およぐ
げんき	げんき	げんき	げんき	げんき
にほんご	にほんご	にほんご	にほんご	にほんご
ざっし	ざっし	ざっし	ざっし	ざっし
じかん	じかん	じかん	じかん	じかん
みず	みず	みず	みず	みず
しぜん	しぜん	しぜん	しぜん	しぜん
ぞう	ぞう	ぞう	ぞう	ぞう
だいがく	だいがく	だいがく	だいがく	だいがく
ちぢむ	ちぢむ	ちぢむ	ちぢむ	ちぢむ
つづく	つづく	つづく	つづく	つづく
でんわ	でんわ	でんわ	でんわ	でんわ

どこ	どこ	どこ	どこ	どこ
たばこ	たばこ	たばこ	たばこ	たばこ
びん	びん	びん	びん	びん
しんぶん	しんぶん	しんぶん	しんぶん	しんぶん
べんり	べんり	べんり	べんり	べんり
ぼうし	ぼうし	ぼうし	ぼうし	ぼうし
いっぱん	いっぱん	いっぱん	いっぱん	いっぱん
えんぴつ	えんぴつ	えんぴつ	えんぴつ	えんぴつ
きっぷ	きっぷ	きっぷ	きっぷ	きっぷ
かんぺき	かんぺき	かんぺき	かんぺき	かんぺき
さんぽ	さんぽ	さんぽ	さんぽ	さんぽ

Gebrochene Laute

きゃく	きゃく	きゃく	きゃく
きゅうか	きゅうか	きゅうか	きゅうか
きょねん	きょねん	きょねん	きょねん
とうきょう	とうきょう	とうきょう	とうきょう
ぎゃく	ぎゃく	ぎゃく	ぎゃく
ぎゅうにく	ぎゅうにく	ぎゅうにく	ぎゅうにく
とうぎゅう	とうぎゅう	とうぎゅう	とうぎゅう
さんぎょう	さんぎょう	さんぎょう	さんぎょう
しゃかい	しゃかい	しゃかい	しゃかい
しゅるい	しゅるい	しゅるい	しゅるい

としょかん	としょかん	としょかん	としょかん
しゃしん	しゃしん	しゃしん	しゃしん
にんじゃ	にんじゃ	にんじゃ	にんじゃ
じゅぎょう	じゅぎょう	じゅぎょう	じゅぎょう
じゃがいも	じゃがいも	じゃがいも	じゃがいも
おちゃ	おちゃ	おちゃ	おちゃ
ちゅうごく	ちゅうごく	ちゅうごく	ちゅうごく
ちょっと	ちょっと	ちょっと	ちょっと
おもちゃ	おもちゃ	おもちゃ	おもちゃ
にょう	にょう	にょう	にょう
ひゃく	ひゃく	ひゃく	ひゃく
にひゃく	にひゃく	にひゃく	にひゃく
ひょう	ひょう	ひょう	ひょう
ひょうげん	ひょうげん	ひょうげん	ひょうげん
さんびゃく	さんびゃく	さんびゃく	さんびゃく
びょうき	びょうき	びょうき	びょうき
びょういん	びょういん	びょういん	びょういん
ろっぴゃく	ろっぴゃく	ろっぴゃく	ろっぴゃく
はっぴゃく	はっぴゃく	はっぴゃく	はっぴゃく
はっぴょう	はっぴょう	はっぴょう	はっぴょう
みゃく	みゃく	みゃく	みゃく
さんみゃく	さんみゃく	さんみゃく	さんみゃく

みょうじ	みょうじ	みょうじ	みょうじ
いちりゅう	いちりゅう	いちりゅう	いちりゅう
きみょう	きみょう	きみょう	きみょう
りょこう	りょこう	りょこう	りょこう
りょうり	りょうり	りょうり	りょうり

Sonstiges

おはようございます。	おはようございます。
こんにちは。	こんにちは。
こんばんは。	こんばんは。
さようなら。	さようなら。
おやすみなさい。	おやすみなさい。
ありがとうございます。	ありがとうございます。
どういたしまして。	どういたしまして。
はじめまして。	はじめまして。

どうぞ、よろしく。	どうぞ、よろしく。
こちらこそ。	こちらこそ。
おげんきですか。	おげんきですか。
はい、げんきです。	はい、げんきです。
それはなんですか。	それはなんですか。
これはほんです。	これはほんです。
それもほんですか。	それもほんですか。
はい、そうです。	はい、そうです。
なんのほんですか。	なんのほんですか。
にほんごのほんです。	にほんごのほんです。

Das zweite Kapitel

カタカナをかくれんしゅう

Katakana-Schreibübung

カタカナ を かく れんしゅう

ア ア ア ア ア ア ア
ア ア ア ア ア ア ア ア ア ア ア ア ア

イ イ イ イ イ イ イ
イ イ イ イ イ イ イ イ イ イ イ イ イ

ウ ウ ウ ウ ウ ウ ウ
ウ ウ ウ ウ ウ ウ ウ ウ ウ ウ ウ ウ ウ

エ エ エ エ エ エ エ
エ エ エ エ エ エ エ エ エ エ エ エ エ

オ オ オ オ オ オ オ
オ オ オ オ オ オ オ オ オ オ オ オ オ

カ　カ　カ　カ　カ　カ　カ
カ　カ　カ　カ　カ　カ　カ　カ　カ　カ　カ　カ

キ　キ　キ　キ　キ　キ　キ
キ　キ　キ　キ　キ　キ　キ　キ　キ　キ　キ　キ

ク　ク　ク　ク　ク　ク　ク
ク　ク　ク　ク　ク　ク　ク　ク　ク　ク　ク　ク

ケ　ケ　ケ　ケ　ケ　ケ　ケ
ケ　ケ　ケ　ケ　ケ　ケ　ケ　ケ　ケ　ケ　ケ　ケ

コ　コ　コ　コ　コ　コ　コ
コ　コ　コ　コ　コ　コ　コ　コ　コ　コ　コ　コ

サ サ サ サ サ サ サ

サ サ サ サ サ サ サ サ サ サ サ サ サ

シ シ シ シ シ シ シ

シ シ シ シ シ シ シ シ シ シ シ シ シ

ス ス ス ス ス ス ス

ス ス ス ス ス ス ス ス ス ス ス ス ス

セ セ セ セ セ セ セ

セ セ セ セ セ セ セ セ セ セ セ セ セ

ソ ソ ソ ソ ソ ソ ソ

ソ ソ ソ ソ ソ ソ ソ ソ ソ ソ ソ ソ ソ

タ タ タ タ タ タ タ

チ チ チ チ チ チ チ

ツ ツ ツ ツ ツ ツ ツ

テ テ テ テ テ テ テ

ト ト ト ト ト ト ト

ナ ナ ナ ナ ナ ナ ナ

ニ ニ ニ ニ ニ ニ ニ

ヌ ヌ ヌ ヌ ヌ ヌ ヌ

ネ ネ ネ ネ ネ ネ

ノ ノ ノ ノ ノ ノ ノ

ハ　ハ　ハ　ハ　ハ　ハ　ハ

ハ　ハ　ハ　ハ　ハ　ハ　ハ　ハ　ハ　ハ　ハ　ハ　ハ

ヒ　ヒ　ヒ　ヒ　ヒ　ヒ　ヒ

ヒ　ヒ　ヒ　ヒ　ヒ　ヒ　ヒ　ヒ　ヒ　ヒ　ヒ　ヒ　ヒ

フ　フ　フ　フ　フ　フ　フ

フ　フ　フ　フ　フ　フ　フ　フ　フ　フ　フ　フ　フ

ヘ　ヘ　ヘ　ヘ　ヘ　ヘ　ヘ

ヘ　ヘ　ヘ　ヘ　ヘ　ヘ　ヘ　ヘ　ヘ　ヘ　ヘ　ヘ　ヘ

ホ　ホ　ホ　ホ　ホ　ホ　ホ

ホ　ホ　ホ　ホ　ホ　ホ　ホ　ホ　ホ　ホ　ホ　ホ　ホ

マ ミ ム メ モ

ヤ ヤ ヤ ヤ ヤ ヤ ヤ

ユ ユ ユ ユ ユ ユ ユ

ヨ ヨ ヨ ヨ ヨ ヨ ヨ

ラ ラ ラ ラ ラ ラ ラ ラ

ラ ラ ラ ラ ラ ラ ラ ラ ラ ラ ラ ラ

リ リ リ リ リ リ リ

リ リ リ リ リ リ リ リ リ リ リ リ

ル ル ル ル ル ル

ル ル ル ル ル ル ル ル ル ル ル ル

レ レ レ レ レ レ レ

レ レ レ レ レ レ レ レ レ レ レ レ

ロ ロ ロ ロ ロ ロ ロ

ロ ロ ロ ロ ロ ロ ロ ロ ロ ロ ロ ロ

ワ ワ ワ ワ ワ ワ ワ
ワ ワ ワ ワ ワ ワ ワ ワ ワ ワ ワ ワ ワ ワ

ヲ ヲ ヲ ヲ ヲ ヲ ヲ
ヲ ヲ ヲ ヲ ヲ ヲ ヲ ヲ ヲ ヲ ヲ ヲ ヲ ヲ

ン ン ン ン ン ン ン
ン ン ン ン ン ン ン ン ン ン ン ン ン ン

カタカナで ことばを かくれんしゅう

Grundlaute

エアー	エアー	エアー	エアー	エアー
カー	カー	カー	カー	カー
キー	キー	キー	キー	キー
ケーキ	ケーキ	ケーキ	ケーキ	ケーキ
クッキー	クッキー	クッキー	クッキー	クッキー
ココア	ココア	ココア	ココア	ココア
サッカー	サッカー	サッカー	サッカー	サッカー
シーソー	シーソー	シーソー	シーソー	シーソー
キオスク	キオスク	キオスク	キオスク	キオスク
エッセイ	エッセイ	エッセイ	エッセイ	エッセイ
ソース	ソース	ソース	ソース	ソース
タクシー	タクシー	タクシー	タクシー	タクシー
チケット	チケット	チケット	チケット	チケット
ツアー	ツアー	ツアー	ツアー	ツアー
テスト	テスト	テスト	テスト	テスト
スケート	スケート	スケート	スケート	スケート
スカート	スカート	スカート	スカート	スカート
ナッツ	ナッツ	ナッツ	ナッツ	ナッツ
テニス	テニス	テニス	テニス	テニス
カヌー	カヌー	カヌー	カヌー	カヌー
ネクタイ	ネクタイ	ネクタイ	ネクタイ	ネクタイ
ノート	ノート	ノート	ノート	ノート

ハート	ハート	ハート	ハート	ハート
ヒット	ヒット	ヒット	ヒット	ヒット
ヘアー	ヘアー	ヘアー	ヘアー	ヘアー
ホット	ホット	ホット	ホット	ホット
マッチ	マッチ	マッチ	マッチ	マッチ
ミニ	ミニ	ミニ	ミニ	ミニ
ムード	ムード	ムード	ムード	ムード
メモ	メモ	メモ	メモ	メモ
モード	モード	モード	モード	モード
タイヤ	タイヤ	タイヤ	タイヤ	タイヤ
ユニーク	ユニーク	ユニーク	ユニーク	ユニーク
ヨット	ヨット	ヨット	ヨット	ヨット
ヤッケ	ヤッケ	ヤッケ	ヤッケ	ヤッケ
ユーモア	ユーモア	ユーモア	ユーモア	ユーモア
クラス	クラス	クラス	クラス	クラス
リッチ	リッチ	リッチ	リッチ	リッチ
フルーツ	フルーツ	フルーツ	フルーツ	フルーツ
レター	レター	レター	レター	レター
ロケット	ロケット	ロケット	ロケット	ロケット
ワルツ	ワルツ	ワルツ	ワルツ	ワルツ
ワイフ	ワイフ	ワイフ	ワイフ	ワイフ
ライオン	ライオン	ライオン	ライオン	ライオン
ワイン	ワイン	ワイン	ワイン	ワイン
ライン	ライン	ライン	ライン	ライン

テント	テント	テント	テント	テント

Stimmhafte Laute

ガソリン	ガソリン	ガソリン	ガソリン
エネルギー	エネルギー	エネルギー	エネルギー
グッド	グッド	グッド	グッド
ゲーム	ゲーム	ゲーム	ゲーム
ゴム	ゴム	ゴム	ゴム
ユーザー	ユーザー	ユーザー	ユーザー
ジーンズ	ジーンズ	ジーンズ	ジーンズ
ゼロ	ゼロ	ゼロ	ゼロ
ラジオ	ラジオ	ラジオ	ラジオ
ゾーン	ゾーン	ゾーン	ゾーン
ダイヤ	ダイヤ	ダイヤ	ダイヤ
デート	デート	デート	デート
データ	データ	データ	データ
ドラマ	ドラマ	ドラマ	ドラマ
バナナ	バナナ	バナナ	バナナ
ビール	ビール	ビール	ビール
ブック	ブック	ブック	ブック
ベスト	ベスト	ベスト	ベスト
ボート	ボート	ボート	ボート
パン	パン	パン	パン
ピアノ	ピアノ	ピアノ	ピアノ
プール	プール	プール	プール

ペン	ペン	ペン	ペン
スポーツ	スポーツ	スポーツ	スポーツ

Gebrochene Laute

キャット	キャット	キャット	キャット
キャリア	キャリア	キャリア	キャリア
ギャング	ギャング	ギャング	ギャング
シャワー	シャワー	シャワー	シャワー
シャツ	シャツ	シャツ	シャツ
シューズ	シューズ	シューズ	シューズ
ジョギング	ジョギング	ジョギング	ジョギング
ジョーク	ジョーク	ジョーク	ジョーク
チャンス	チャンス	チャンス	チャンス
チョーク	チョーク	チョーク	チョーク
チャンピオン	チャンピオン	チャンピオン	チャンピオン
ニュース	ニュース	ニュース	ニュース
ヒュッテ	ヒュッテ	ヒュッテ	ヒュッテ
ヒューマン	ヒューマン	ヒューマン	ヒューマン
コンピュータ	コンピュータ	コンピュータ	コンピュータ
ミュージック	ミュージック	ミュージック	ミュージック
ミュージアム	ミュージアム	ミュージアム	ミュージアム

Zusätzliche Katakana-Silben

ウィークエンド	ウィークエンド	ウィークエンド	ウィークエンド
ウィンター	ウィンター	ウィンター	ウィンター
ウェディング	ウェディング	ウェディング	ウェディング

ウェルカム	ウェルカム	ウェルカム	ウェルカム
ウォーター	ウォーター	ウォーター	ウォーター
ウォッチ	ウォッチ	ウォッチ	ウォッチ
シェフ	シェフ	シェフ	シェフ
シェパード	シェパード	シェパード	シェパード
ジェット	ジェット	ジェット	ジェット
ジェントルマン	ジェントルマン	ジェントルマン	ジェントルマン
ティー	ティー	ティー	ティー
パーティー	パーティー	パーティー	パーティー
ティーチャー	ティーチャー	ティーチャー	ティーチャー
チェアー	チェアー	チェアー	チェアー
チェリー	チェリー	チェリー	チェリー
チェス	チェス	チェス	チェス
モーツァルト	モーツァルト	モーツァルト	モーツァルト
ピッツァ	ピッツァ	ピッツァ	ピッツァ
ディナー	ディナー	ディナー	ディナー
ディレクター	ディレクター	ディレクター	ディレクター
ファッション	ファッション	ファッション	ファッション
ファミリー	ファミリー	ファミリー	ファミリー
フィットネス	フィットネス	フィットネス	フィットネス
フィッシュ	フィッシュ	フィッシュ	フィッシュ
フィルム	フィルム	フィルム	フィルム
フェイス	フェイス	フェイス	フェイス

フェンシング	フェンシング	フェンシング	フェンシング
テレフォン	テレフォン	テレフォン	テレフォン
フォーム	フォーム	フォーム	フォーム

Länder

ドイツ	ドイツ	ドイツ	ドイツ
オーストリー	オーストリー	オーストリー	オーストリー
スイス	スイス	スイス	スイス
フランス	フランス	フランス	フランス
イギリス	イギリス	イギリス	イギリス
イタリア	イタリア	イタリア	イタリア
スペイン	スペイン	スペイン	スペイン
ポルトガル	ポルトガル	ポルトガル	ポルトガル
オランダ	オランダ	オランダ	オランダ
ベルギー	ベルギー	ベルギー	ベルギー
ルクセンブルク	ルクセンブルク	ルクセンブルク	ルクセンブルク
デンマーク	デンマーク	デンマーク	デンマーク
スウェーデン	スウェーデン	スウェーデン	スウェーデン
ノールウェー	ノールウェー	ノールウェー	ノールウェー
フィンランド	フィンランド	フィンランド	フィンランド
ポーランド	ポーランド	ポーランド	ポーランド
チェコ	チェコ	チェコ	チェコ
ハンガリー	ハンガリー	ハンガリー	ハンガリー
ロシア	ロシア	ロシア	ロシア

ギリシャ	ギリシャ	ギリシャ	ギリシャ
トルコ	トルコ	トルコ	トルコ
エジプト	エジプト	エジプト	エジプト
インド	インド	インド	インド
タイ	タイ	タイ	タイ
パキスタン	パキスタン	パキスタン	パキスタン
ベトナム	ベトナム	ベトナム	ベトナム
フィリピン	フィリピン	フィリピン	フィリピン
アメリカ	アメリカ	アメリカ	アメリカ
カナダ	カナダ	カナダ	カナダ
メキシコ	メキシコ	メキシコ	メキシコ
ブラジル	ブラジル	ブラジル	ブラジル
アルゼンチン	アルゼンチン	アルゼンチン	アルゼンチン
チリ	チリ	チリ	チリ
オーストラリア	オーストラリア	オーストラリア	オーストラリア
ニュージーランド	ニュージーランド	ニュージーランド	ニュージーランド

Städte

ベルリン	ベルリン	ベルリン	ベルリン
ミュンヘン	ミュンヘン	ミュンヘン	ミュンヘン
ハンブルグ	ハンブルグ	ハンブルグ	ハンブルグ
フランクフルト	フランクフルト	フランクフルト	フランクフルト
デュッセルドルフ	デュッセルドルフ	デュッセルドルフ	デュッセルドルフ
ケルン	ケルン	ケルン	ケルン

ライプツィヒ	ライプツィヒ	ライプツィヒ	ライプツィヒ
ドレスデン			
ロンドン	ロンドン	ロンドン	ロンドン
パリ	パリ	パリ	パリ
ローマ	ローマ	ローマ	ローマ
マドリッド	マドリッド	マドリッド	マドリッド
アムステルダム	アムステルダム	アムステルダム	アムステルダム
ブリュッセル	ブリュッセル	ブリュッセル	ブリュッセル
リスボン	リスボン	リスボン	リスボン
ウィーン	ウィーン	ウィーン	ウィーン
プラハ	プラハ	プラハ	プラハ
ブダペスト	ブダペスト	ブダペスト	ブダペスト
コペンハーゲン	コペンハーゲン	コペンハーゲン	コペンハーゲン
オスロ	オスロ	オスロ	オスロ
ヘルシンキ	ヘルシンキ	ヘルシンキ	ヘルシンキ
モスクワ	モスクワ	モスクワ	モスクワ
アテネ	アテネ	アテネ	アテネ
イスタンブール	イスタンブール	イスタンブール	イスタンブール
ニューヨーク	ニューヨーク	ニューヨーク	ニューヨーク
キャンベラ	キャンベラ	キャンベラ	キャンベラ
ウェリントン	ウェリントン	ウェリントン	ウェリントン
ソウル	ソウル	ソウル	ソウル
ペキン	ペキン	ペキン	ペキン

Das dritte Kapitel

<ruby>漢<rt>かん</rt>字<rt>じ</rt></ruby>を<ruby>書<rt>か</rt></ruby>く<ruby>練習<rt>れんしゅう</rt></ruby>

Kanji-Schreibübung

Die Strichfolgen sind im Anhang des Hauptlehrbuches
und im Lernprogramm zu sehen.

L. 1 Schreiben Sie die Lesungen der Kanji in (   ) und üben Sie Kanji.

1. 山田(　　　　)さんは日本人(　　　　　　)です。
   Herr/Frau Yamada ist Japaner.

山	山	山								
田	田	田								
日	日	日								
本	本	本								
人	人	人								

2. あれはさくらの木(　　　　)です。
   Das (da drüben) ist ein Kirschbaum.

木	木	木								

3. こちらは林(　　　　)さんです。
   Das ist Herr/Frau Hayashi.

林	林	林								

4. あの人は森(　　　　)さんです。
   Die Person da drüben ist Herr/Frau Mori.

森	森	森								

5. ラインはドイツの川(　　　　)です。
   Der Rhein ist ein Fluss in Deutschland.

川	川	川								

L. 1 Schreiben Sie die Kanji-Zeichen in die Kästen.

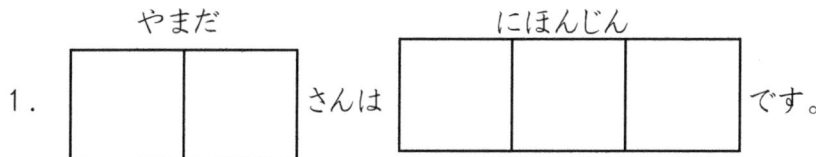

1. やまだ □□ さんは にほんじん □□□ です。

2. あれは さくらの き □ です。

3. こちらは はやし □ さんです。

4. あの ひと □ は もり □ さんです。

5. ラインは ドイツの かわ □ です。

L. 2 Schreiben Sie die Lesungen der Kanji in (   ) und üben Sie Kanji.

1. この町 (   ) はとても大 (   ) きいです。
   Diese Stadt ist sehr groß.

町	町	町									
大	大	大									

2. その町は小 (   ) さいですが、有名 (   ) です。
   Die Stadt ist klein, aber sie ist berühmt.

小	小	小									
有	有	有									
名	名	名									

3. その花 (   ) の名前 (   ) はさくらです。
   Der Name der Blume ist die Kirschblüte.

花	花	花									
前	前	前									

4. その新 (   ) しいテレビは高 (   ) いです。
   Der neue Fernseher ist teuer.

新	新	新									
高	高	高									

5. この学校 (   ) はたいへん古 (   ) いです。
   Diese Schule ist sehr alt.

学	学	学									

校	校	校										
古	古	古										

6. えきもスーパーも近（　　　　　）いです。
　　Sowohl der Bahnhof als auch der Supermarkt sind in der Nähe.

近	近	近										

7. お元気（　　　　　）ですか。
　　Wie geht es Ihnen?

元	元	元										
気	気	気										

L. 2　Schreiben Sie die Kanji-Zeichen in die Kästen.

まち　　　　　　　　おお

1. この □ は とても □ きいです。

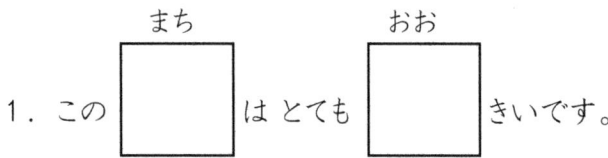

まち　　　　ちい　　　　　　　　　　ゆうめい

2. その □ は □ いですが、□□ です。

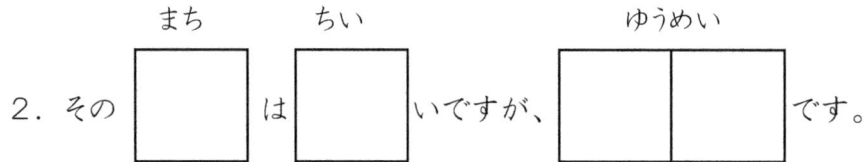

はな　　　　　なまえ

3. その □ の □□ さくらです。

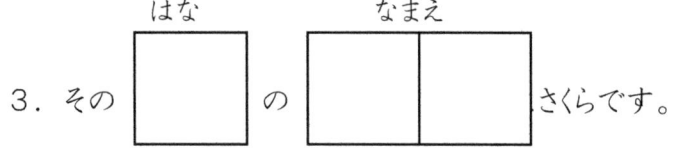

あたら　　　　　たか

4. その □ しいテレビは □ いです。

がっこう　　　　　　ふる

5. この □□ は たいへん □ いです。

ちか

6. えきもスーパーも □ いです。

げんき

7. お □□ ですか。

52

L. 3 Schreiben Sie die Lesungen der Kanji in (   ) und üben Sie Kanji.

1. そこにくるまが一（   ）だいとじてんしゃが二（   ）だいあります。
   Da sind ein Auto und zwei Fahrräder.

一	一	一									
二	二	二									

2. ここに日本人が三人（   ）とドイツ人が五人（   ）います。
   Hier sind drei Japaner und fünf Deutsche.

三	三	三									
五	五	五									

3. あそこに本が四（   ）さつとかみが六（   ）まいあります。
   Dort gibt es vier Bücher und sechs Papiere.

四	四	四									
六	六	六									

4. にわに木が七本（   ）と花が九本（   ）あります。
   Im Garten befinden sich sieben Bäume und neun Blumen.

七	七	七									
九	九	九									

5. へやにでんわが八（   ）だいコンピュータが十（   ）だいあります。
   Im Zimmer befinden sich acht Telefone und zehn Computer.

八	八	八									
十	十	十									

6. そのノートは五百（　　　　）えんです。あのじしょは四千（　　　　）えんです。
   Das Heft kostet 500 Yen. Das Wörterbuch da drüben kostet 4000 Yen.

百	百	百									
千	千	千									

7. このカメラは三万（　　　　）えんです。
   Diese Kamera kostet 30000 Yen.

万	万	万									

8. つくえの上（　　）にとけいがあります。つくえの下（　　）に犬（　　）がいます。
   Auf dem Tisch liegt eine Uhr. Unter dem Tisch ist ein Hund.

上	上	上									
下	下	下									
犬	犬	犬									

9. ペンはかばんの中（　　　　）にあります。
   Der Stift ist in der Tasche.

中	中	中									

L.3 Schreiben Sie die Kanji-Zeichen in die Kästen.

1. そこにくるまが 〔いち〕 だいと じてんしゃが 〔に〕 だいあります。

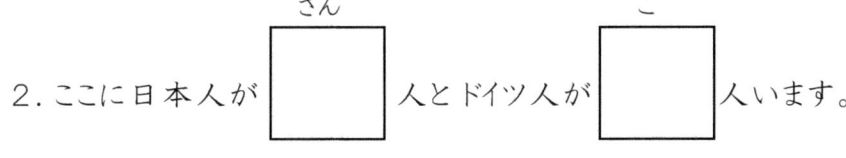

2. ここに日本人が 〔さん〕 人と ドイツ人が 〔ご〕 人います。

3. あそこに本が 〔よん〕 さつと かみが 〔ろく〕 まいあります。

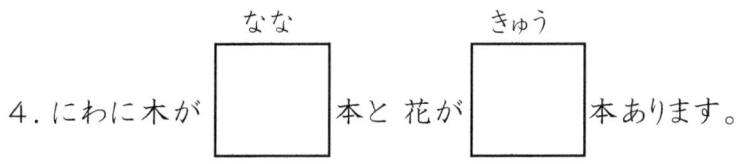

4. にわに木が 〔なな〕 本と 花が 〔きゅう〕 本あります。

5. へやにでんわが 〔はち〕 だいと コンピュータが 〔じゅう〕 だいあります。

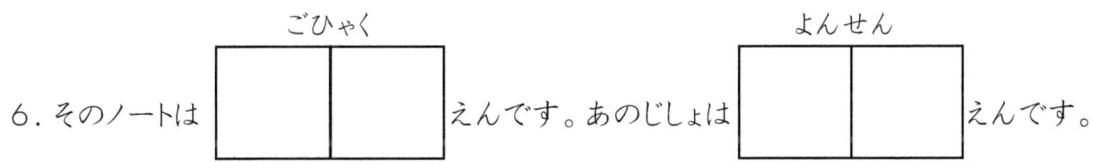

6. そのノートは 〔ごひゃく〕 えんです。あのじしょは 〔よんせん〕 えんです。

7. このカメラは 〔さんまん〕 えんです。

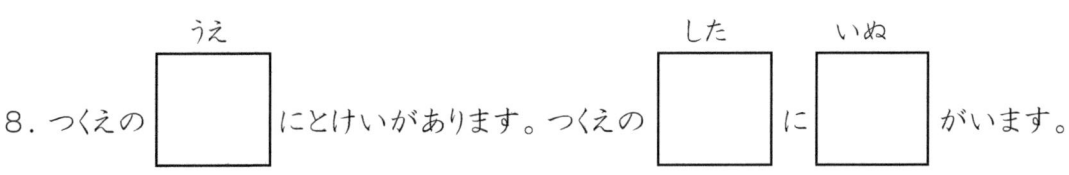

8. つくえの 〔うえ〕 にとけいがあります。つくえの 〔した〕 に 〔いぬ〕 がいます。

9. ペンはかばんの 〔なか〕 にあります。

L. 4 Schreiben Sie die Lesungen der Kanji in (   ) und üben Sie Kanji.

1. わたしはあさ6時半（　　　　　　）におきます。
   Ich stehe morgens um halb sieben auf.

時	時	時								
半	半	半								

2. あさごはんを食（　　　　）べます。そしてコーヒーをのみます。
   Ich frühstücke und trinke Kaffee.

食	食	食								

3. 7時45分（　　　　）にいえを出（　　　）ます。
   Ich gehe um 7 Uhr 45 von zu Hause weg.

分	分	分								
出	出	出								

4. 会社（　　　　　　）に電車（　　　　　　）で行（　　　）きます。
   Ich fahre mit dem Zug zur Firma.

会	会	会								
社	社	社								
電	電	電								
車	車	車								
行	行	行								

5. 1時間（　　　　　　）ぐらいかかります。
   Es dauert ungefähr eine Stunde.

間	間	間								

6. 電車の中でしんぶんを読（　　）みます。
   Ich lese im Zug die Zeitung.

読	読	読									

7. ときどきおんがくを聞（　　　）きます。
   Manchmal höre ich Musik.

聞	聞	聞									

8. バスは何時（　　　　）に来（　　　）ますか。
   Wann kommt der Bus?

何	何	何									
来	来	来									

L. 4 Schreiben Sie die Kanji-Zeichen in die Kästen.

じはん
1. わたしはあさ6 ☐☐ におきます。

た
2. ごはんを ☐ べます。そしてコーヒーをのみます。

ふん　　　　　　　で
3. 7時45 ☐ にいえを ☐ ます。

かいしゃ　　　　でんしゃ　　　い
4. ☐☐ に ☐☐ で ☐ きます。

じかん
5. 1 ☐☐ ぐらいかかります。

よ
6. でんしゃの中でしんぶんを ☐ みます。

き
7. ときどきおんがくを ☐ きます。

なん　　　　き
8. バスは ☐ じに ☐ ますか。

L. 5 Schreiben Sie die Lesungen der Kanji in (　　　) und üben Sie Kanji.

1. かれは外国語（　　　　　　　）をたくさん話（　　　　）します。
   Er spricht viele Fremdsprachen.

外	外	外								
国	国	国								
語	語	語								
話	話	話								

2. 私（　　　　）はかんじを書（　　）きました。
   Ich habe Kanji geschrieben.

私	私	私								
書	書	書								

3. 私は6時に起（　　）きました。そしてコーヒーを飲（　　）みました。
   Ich bin um 6 Uhr aufgestanden und habe Kaffee getrunken.

起	起	起								
飲	飲	飲								

4. 友（　　　）だちは公園（　　　　　　）をさんぽしました。わたしは走（　　　　）りました。
   Mein Freund ist im Park spazieren gegangen. Ich bin gelaufen.

友	友	友								
公	公	公								
園	園	園								
走	走	走								

5. デパートでくつを買（　　　）いました。そしてえいがを見（　　　）ました。
Ich habe im Kaufhaus Schuhe gekauft und einen Kinofilm gesehen.

買	買	買									
見	見	見									

6. 空（　　　）はとてもあおいです。海（　　　）もとてもあおいです。
Der Himmel ist ganz blau. Das Meer ist auch ganz blau.

空	空	空									
海	海	海									

L. 5 Schreiben Sie die Kanji-Zeichen in die Kästen.

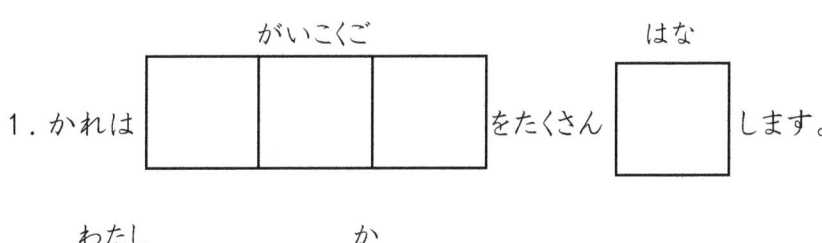

1. かれは 〔がいこくご〕 をたくさん 〔はな〕 します。

2. 〔わたし〕 はかんじを 〔か〕 きました。

3. わたしは6時に 〔お〕 きました。そしてコーヒーを 〔の〕 みました。

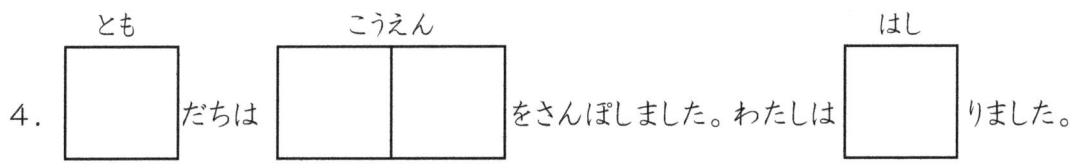

4. 〔とも〕 だちは 〔こうえん〕 をさんぽしました。わたしは 〔はし〕 りました。

5. デパートでくつを 〔か〕 いました。そしてえいがを 〔み〕 ました。

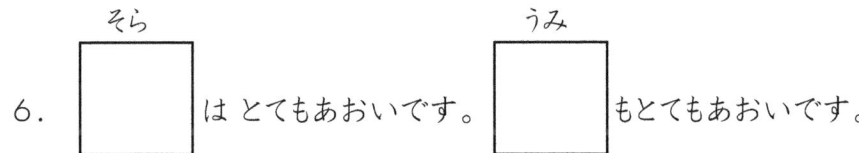

6. 〔そら〕 は とてもあおいです。 〔うみ〕 もとてもあおいです。

L. 6 Schreiben Sie die Lesungen der Kanji in (   ) und üben Sie Kanji.

1. 父(   )と母(   )は日本に旅行(   )しました。
   Mein Vater und meine Mutter sind nach Japan gereist.

父	父	父									
母	母	母									
旅	旅	旅									

2. 天気(   )は少(   )しさむかったですが、よかったです。
   Das Wetter war ein bisschen kalt, aber es war gut.

天	天	天									
少	少	少									

3. チリは北(   )から南(   )までとてもながいです。
   Chile ist vom Norden bis Süden sehr lang.

北	北	北									
南	南	南									

4. 山は町の東(   )にあります。お寺(   )は町の西(   )にあります。
   Der Berg liegt im Osten der Stadt. Der Tempel liegt im Westen der Stadt.

東	東	東									
寺	寺	寺									
西	西	西									

5. マリアさんはクラスで一番（　　　　　）若（　　　）いです。
   Maria ist die jüngste in der Klasse.

番	番	番										
若	若	若										

6. このカメラは安（　　　）いですが、とても便利（　　　　）です。
   Diese Kamera ist billig, aber sie ist sehr praktisch.

安	安	安										
便	便	便										
利	利	利										

7. ふゆは悪（　　　　）い天気が多（　　　　）いです。
   Im Winter gibt es viel schlechtes Wetter.

悪	悪	悪										
多	多	多										

L. 6 Schreiben Sie die Kanji-Zeichen in die Kästen.

1. ちち と はは は日本に りょこう しました。

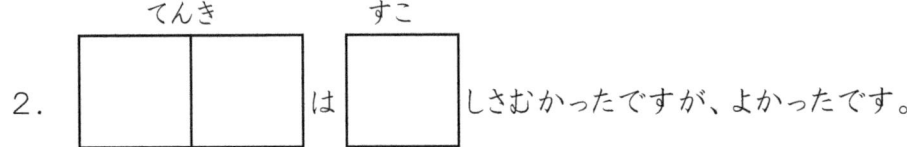

2. てんき は すこ しさむかったですが、よかったです。

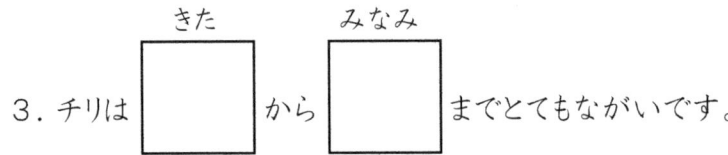

3. チリは きた から みなみ までとてもながいです。

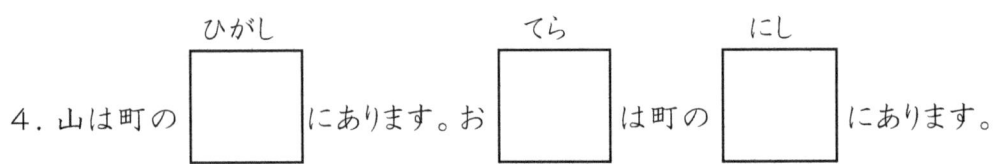

4. 山は町の ひがし にあります。お てら は町の にし にあります。

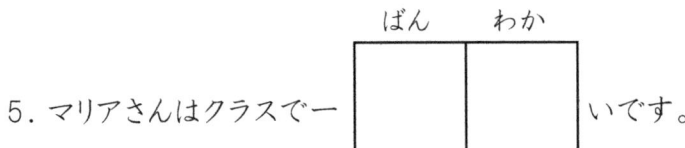

5. マリアさんはクラスで一 ばん わか いです。

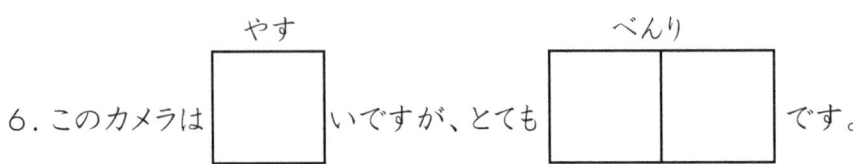

6. このカメラは やす いですが、とても べんり です。

7. ふゆは わる い天気が おお いです。

L. 7 Schreiben Sie die Lesungen der Kanji in (   ) und üben Sie Kanji.

1. 今(   )雨(   )がふっています。
   Jetzt regnet es.

今	今	今									
雨	雨	雨									

2. 駅(   )の入口(   )でまってください。
   Warten Sie bitte am Eingang des Bahnhofs.

駅	駅	駅									
入	入	入									
口	口	口									

3. そこを右(   )に行って、3番目(   )のこうさてんを左(   )に
   まがってください。
   Gehen Sie bitte nach rechts und biegen Sie an der dritten Kreuzung nach links ab.

右	右	右									
目	目	目									
左	左	左									

4. お金(   )を 10,000円(   )持(   )っています。
   Ich habe 10000 Yen.

金	金	金									
円	円	円									
持	持	持									

5. かれは1週間（　　　　　）に3かい日本語を教（　　　）えています。
　　Er lehrt dreimal pro Woche Japanisch.

週	週	週									
教	教	教									

6. その会社員（　　　　　）はどこに住（　　　）んでいますか。
　　Wo wohnt der Angestellte?

員	員	員									
住	住	住									

7. わたしはかれをよく知（　　　）っています。
　　Ich kenne ihn gut.

知	知	知									

L. 7 Schreiben Sie die Kanji-Zeichen in die Kästen.

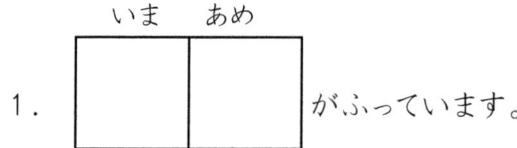

1. <div>いま</div> <div>あめ</div> がふっています。

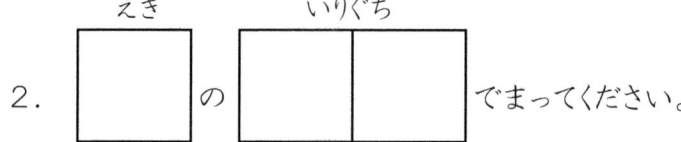

2. <div>えき</div> の <div>いりぐち</div> でまってください。

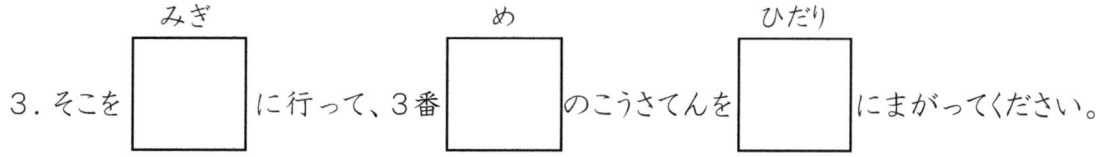

3. そこを <div>みぎ</div> に行って、3番 <div>め</div> のこうさてんを <div>ひだり</div> にまがってください。

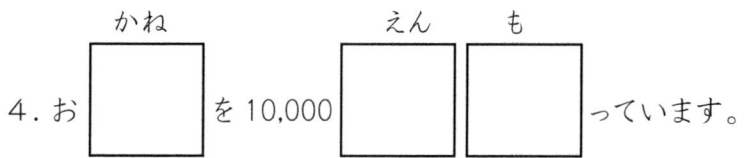

4. お <div>かね</div> を 10,000 <div>えん</div> <div>も</div> っています。

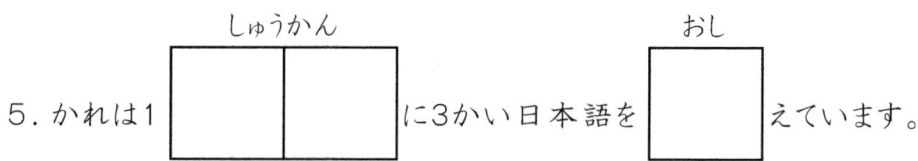

5. かれは1 <div>しゅうかん</div> に3かい日本語を <div>おし</div> えています。

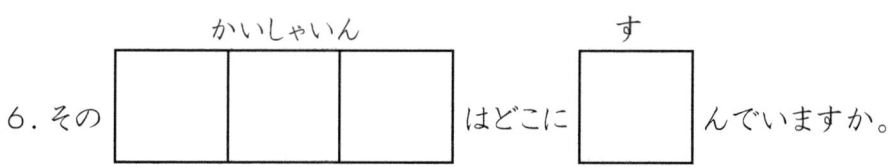

6. その <div>かいしゃいん</div> はどこに <div>す</div> んでいますか。

7. わたしはかれをよく <div>し</div> っています。

L. 8 Schreiben Sie die Lesungen der Kanji in (   ) und üben Sie Kanji.

1. 先生(   )は毎日(   )午後(   )9 時まで日本語を教えます。
　　Der Lehrer unterrichtet jeden Tag bis 9 Uhr abends Japanisch.

先	先	先									
生	生	生									
毎	毎	毎									
午	午	午									
後	後	後									

2. かれは水(   )ようと土(   )ように日本語を勉強(   )しています。
　　Er lernt mittwochs und donnerstags Japanisch.

水	水	水									
土	土	土									
勉	勉	勉									
強	強	強									

3. 病院(   )は日よう日は休(   )みです。
　　Das Krankenhaus ist am Sonntag geschlossen.

病	病	病									
院	院	院									
休	休	休									

4.ドアは開（　　）けないで、閉（　　）めてください。

Lassen Sie die Tür bitte nicht offen. Machen Sie sie bitte zu.

開	開	開									
閉	閉	閉									

5.そこで電車に乗（　　）って、駅まで行ってください。

Steigen Sie da in den Zug ein und fahren Sie bitte zum Bahnhof.

乗	乗	乗									

6.そのペンは使（　　）ってはいけません。

Sie dürfen den Stift nicht benutzen.

使	使	使									

7.今、勉強を始（　　）めなければなりません。

Sie müssen jetzt anfangen zu lernen.

始	始	始									

L. 8　Schreiben Sie die Kanji-Zeichen in die Kästen.

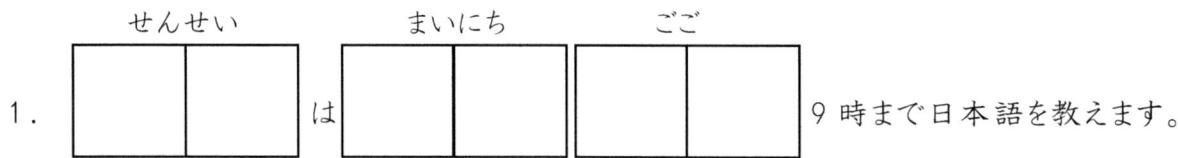

1. ［せんせい］は［まいにち］［ごご］9時まで日本語を教えます。

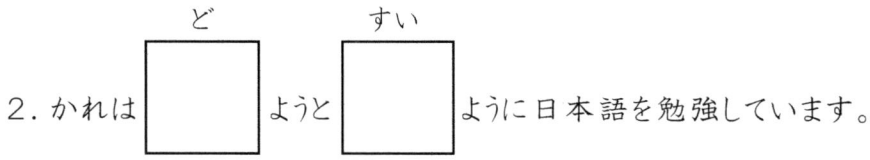

2. かれは［ど］ようと［すい］ように日本語を勉強しています。

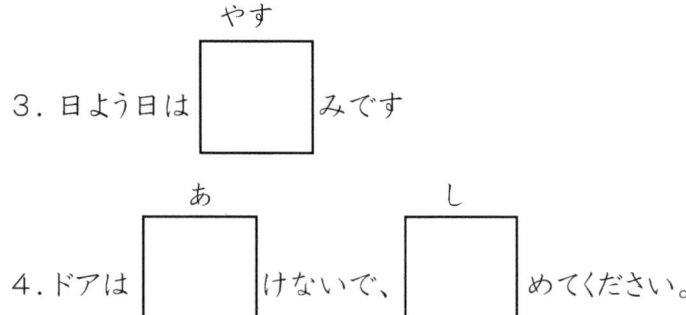

3. 日よう日は［やす］みです

4. ドアは［あ］けないで、［し］めてください。

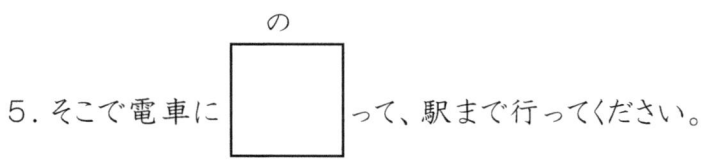

5. そこで電車に［の］って、駅まで行ってください。

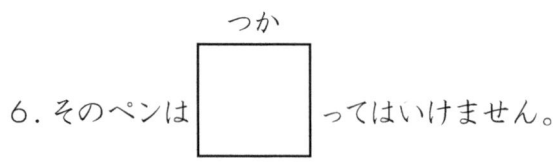

6. そのペンは［つか］ってはいけません。

7. 今、勉強を［はじ］めなければなりません。

L. 9 Schreiben Sie die Lesungen der Kanji in (   ) und üben Sie Kanji.

1. 月(   )よう日に兄(   )と長(   )い映画(   )を見た。
   Am Montag habe ich mit meinem älteren Bruder einen langen Film gesehen.

月	月	月							
兄	兄	兄							
長	長	長							
映	映	映							
画	画	画							

2. 火(   )よう日に弟(   )は家(   )で手紙(   )を書いた。
   Am Dienstag hat mein jüngerer Bruder zu Hause einen Brief geschrieben.

火	火	火							
弟	弟	弟							
家	家	家							
手	手	手							
紙	紙	紙							

3. 男(   )の子( )も女(   )の子も足(   )が長い。
   Der Junge und das Mädchen haben lange Beine.

男	男	男							
女	女	女							
子	子	子							

足 足 足

4. 私はかのじょの答(　　　　)を待(　)っている。
   Ich warte auf ihre Antwort.

答 答 答

待 待 待

5. 母は今ばんごはんを作(　　　　)っている。
   Meine Mutter bereitet jetzt das Abendessen zu

作 作 作

L. 9 Schreiben Sie die Kanji-Zeichen in die Kästen.

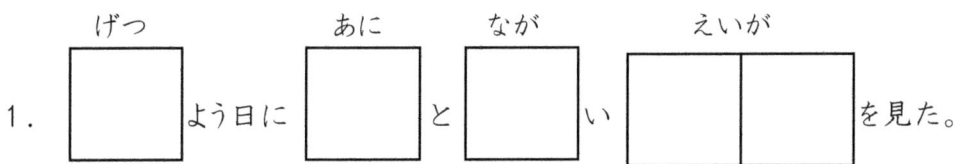

1.　げつ　よう日に　あに　と　なが　い　えいが　を見た。

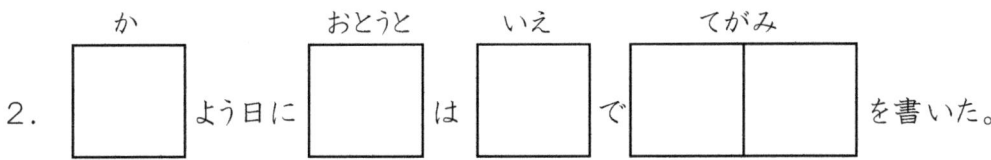

2.　か　よう日に　おとうと　は　いえ　で　てがみ　を書いた。

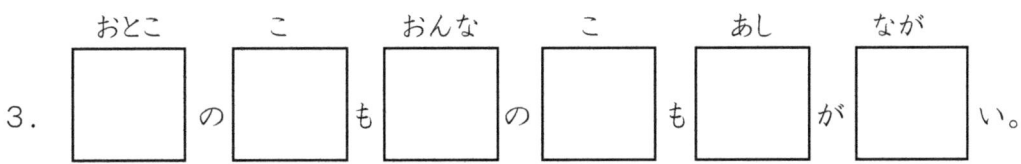

3.　おとこ　の　こ　も　おんな　の　こ　も　あし　が　なが　い。

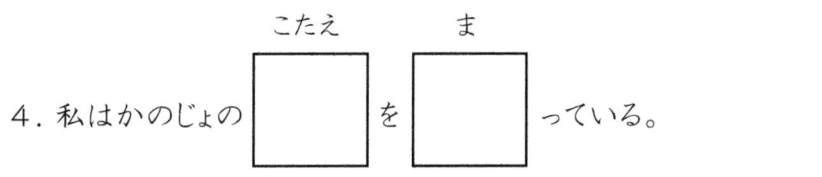

4. 私はかのじょの　こたえ　を　ま　っている。

5. 母は今ばんごはんを　つく　っている。

L. 10 Schreiben Sie die Lesungen der Kanji in (   ) und üben Sie Kanji.

1. わたしは歌(   )が好(   )きです。泳(   )ぐことも好きです。
Ich singe gern. Ich schwimme auch gern.

歌	歌	歌									
好	好	好									
泳	泳	泳									

2. 私は牛肉(   )より魚(   )の方(   )をよく食べます
Ich esse mehr Fisch als Rindfleisch.

牛	牛	牛									
肉	肉	肉									
魚	魚	魚									
方	方	方									

3. かのじょは料理(   )と人形(   )を作ることとくいです。
Ihre Stärke ist Kochen und Puppenherstellung.

料	料	料									
理	理	理									
形	形	形									

4. かれは音楽(   )の仕事(   )をしています。
Er arbeitet als Musiker.

音	音	音									
楽	楽	楽									

仕	仕	仕										
事	事	事			75							

5. わたしのこどもはまだ自転車(　　　　　　)にのることができません。
　　Mein Kind kann noch nicht Rad fahren.

自	自	自										
転	転	転										

6. かれは車を運転(　　　　　　)することがじょうずです。
　　Er kann gut Auto fahren.

運	運	運										

L. 10 Schreiben Sie die Kanji-Zeichen in die Kästen.

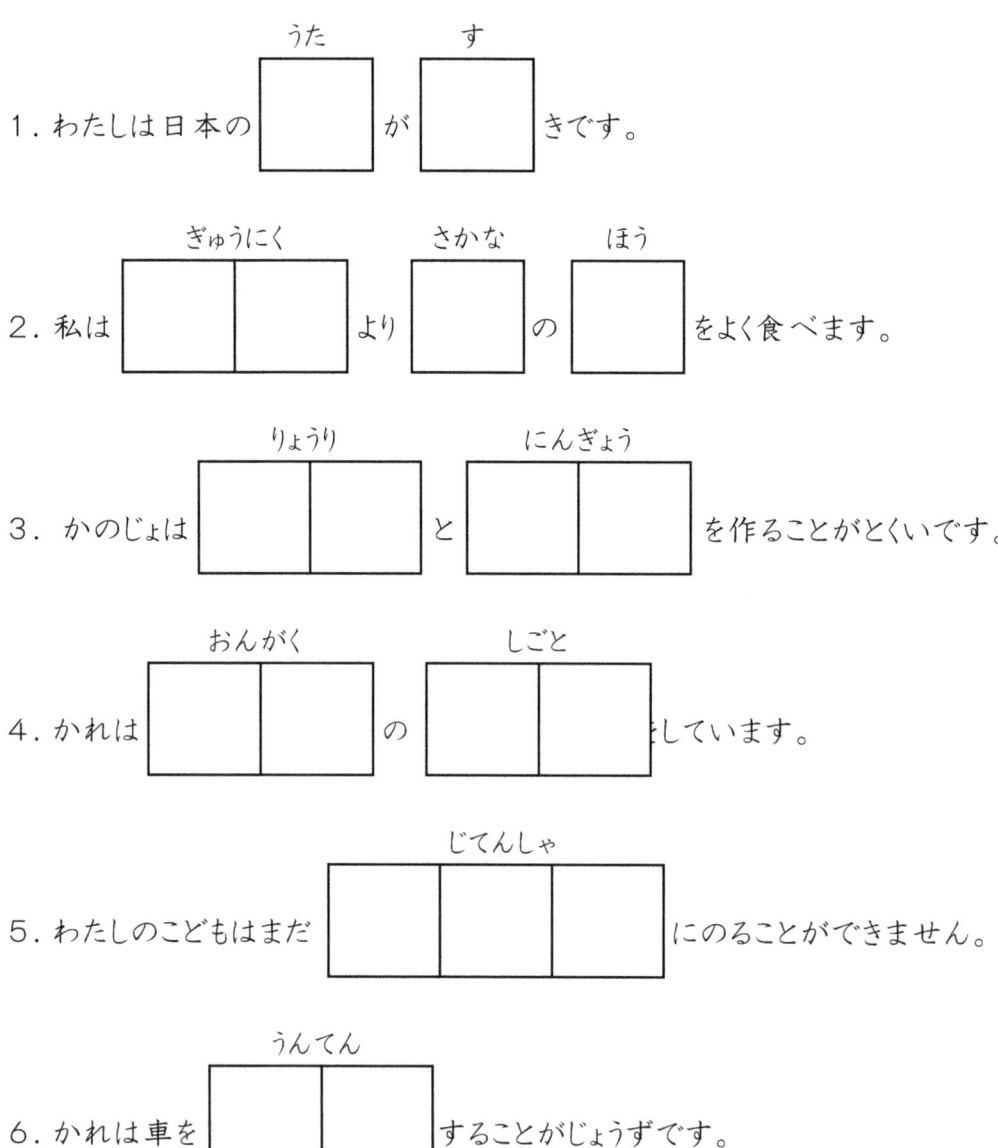

うた　　　　す

1. わたしは日本の　　　　が　　　　きです。

ぎゅうにく　　　　さかな　　　ほう

2. 私は　　　　より　　　　の　　　　をよく食べます。

りょうり　　　　にんぎょう

3. かのじょは　　　　と　　　　を作ることがとくいです。

おんがく　　　　しごと

4. かれは　　　　の　　　　をしています。

じてんしゃ

5. わたしのこどもはまだ　　　　にのることができません。

うんてん

6. かれは車を　　　　することがじょうずです。

L. 11 Schreiben Sie die Lesungen der Kanji in (   ) und üben Sie Kanji.

1. 姉(   )はかおが白(   )くて、目が青(   )くて、かみが黒(   )いです。
　　Meine ältere Schwester hat ein weißes Gesicht, blaue Augen und schwarze Haare.

姉	姉	姉									
白	白	白									
青	青	青									
黒	黒	黒									

2. 長野(   )で夏(   )にキャンプ、冬(   )にスキーをしたことがあります。
　　Ich habe in Nagano im Sommer Camping und im Winter Skifahren gemacht.

野	野	野									
夏	夏	夏									
冬	冬	冬									

3. 一年(   )に一回(   )正月(   )に国へ帰(   )ります。
　　Einmal im Jahr fahre ich zum Neujahr in die Heimat zurück.

年	年	年									
回	回	回									
正	正	正									
帰	帰	帰									

4．市（　）の中心（　　　　　　）に大きな赤（　　　　）いたてものがあります。
Im Zentrum der Stadt gibt es ein großes rotes Gebäude,

市	市	市										
心	心	心										
赤	赤	赤										

5．私はまだ一度（　　　　　　）も日本へ行ったことがありません。
Ich bin noch nie nach Japan gefahren.

度	度	度										

6．食べ物（　　　　　　）は魚も肉もおいしいです。
Was das Essen angeht, so sind Fische und Fleisch lecker.

物	物	物										

7．妹（　　　　　　　）のアパートはあまり広（　　　　）くないです。
Das Apartment von meiner jüngeren Schwester ist nicht so groß.

妹	妹	妹										
広	広	広										

L. 11 Schreiben Sie die Kanji-Zeichen in die Kästen.

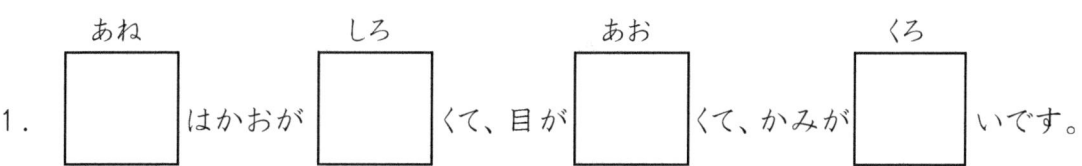

1. あね　はかおが　しろ　くて、目が　あお　くて、かみが　くろ　いです。

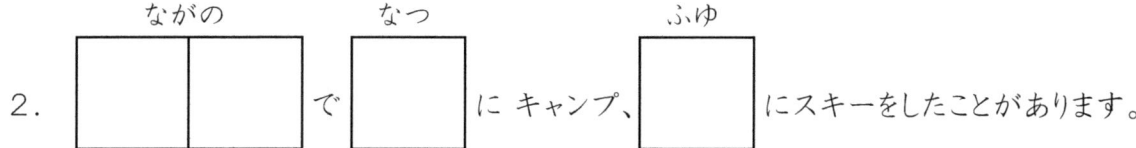

2. ながの　で　なつ　に キャンプ、ふゆ　にスキーをしたことがあります。

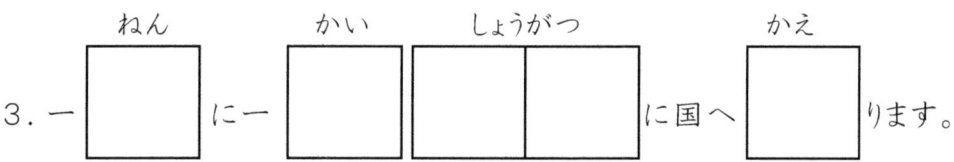

3. 一　ねん　に一　かい　しょうがつ　に国へ　かえ　ります。

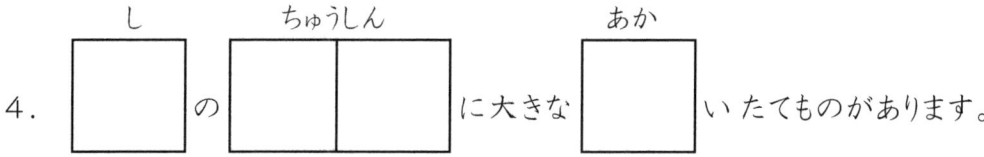

4. し　の　ちゅうしん　に大きな　あか　い たてものがあります。

5. 私はまだ一　ど　も日本へ 行ったことがありません。

6. た　べ　もの　は魚も肉もおいしいです。

7. いもうと　のアパートはあまり　ひろ　くないです。

L. 12 Schreiben Sie die Lesungen der Kanji in (   ) und üben Sie Kanji.

1. かぜを引(   )いている間、練習(   )を休みました。
   Ich habe keine Übung gemacht, während ich eine Erkältung hatte.

引	引	引							
練	練	練							
習	習	習							

2. 暑(   )いから、窓(   )をあけましょう。
   Lass uns das Fenster öffnen, weil es heiß ist!

暑	暑	暑							
窓	窓	窓							

3. その部屋(   )は静(   )かなので、よく寝(   )ることができました。
   Ich konnte gut schlafen, weil das Zimmer ruhig war.

部	部	部							
屋	屋	屋							
静	静	静							
寝	寝	寝							

4. この荷物(   )は本当(   )におもいですね。
   Dies Gepäck ist wirklich schwer, nicht wahr?

荷	荷	荷							
当	当	当							

5. 変(　　　　)な音を聞いた時、すぐ車からおりて。
　　Steig sofort aus dem Auto aus, wenn du komische Geräusch hörst.

変	変	変										

6. 自動車(　　　　　)を運転しながら、たばこをすってはいけない。
　　Du darfst keine Zigarette rauchen, während du Auto fährst.

動	動	動										

7. こどもは遊(　　　　)んでいるが、母は立(　)ったまま、働(　　　　)いている。
　　Das Kind spielt und seine Mutter arbeitet im Stehen.

遊	遊	遊										
立	立	立										
働	働	働										

L. 12 Schreiben Sie die Kanji-Zeichen in die Kästen.

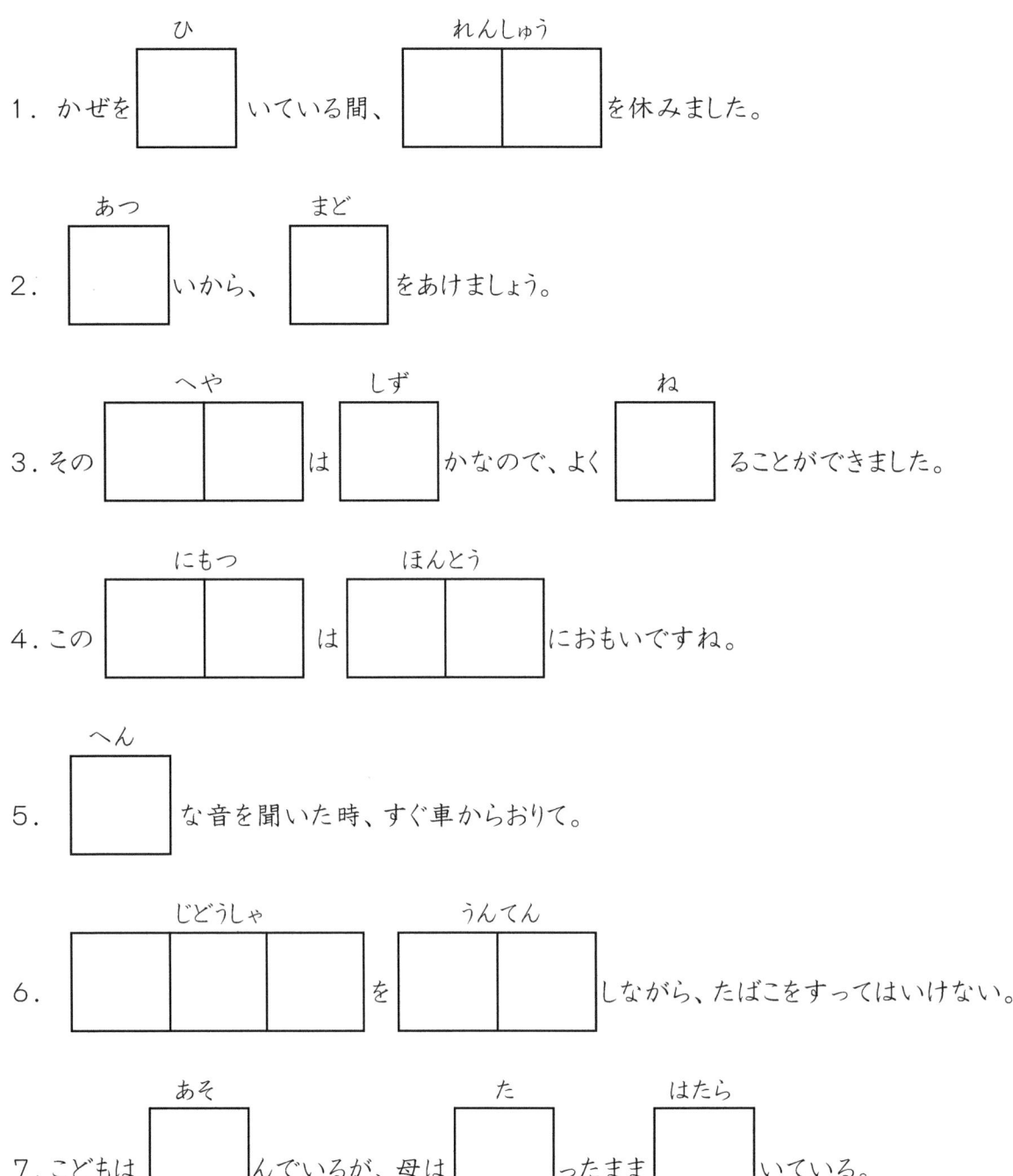

ひ　　　　　　　れんしゅう

1. かぜを ☐ いている間、 ☐☐ を休みました。

あつ　　　　まど

2. ☐ いから、 ☐ をあけましょう。

へや　　　　しず　　　　ね

3. その ☐☐ は ☐ かなので、よく ☐ ることができました。

にもつ　　　ほんとう

4. この ☐☐ は ☐☐ におもいですね。

へん

5. ☐ な音を聞いた時、すぐ車からおりて。

じどうしゃ　　　うんてん

6. ☐☐☐ を ☐☐ しながら、たばこをすってはいけない。

あそ　　　　た　　　　はたら

7. こどもは ☐ んでいるが、母は ☐ ったまま ☐ いている。

L. 13 Schreiben Sie die Lesungen der Kanji in (   ) und üben Sie Kanji.

1. ドイツでは夏は夜（　　　）の十時ぐらいまで明（　　　）るいです。
   In Deutschland ist es im Sommer etwa bis 10 Uhr abends hell.

夜	夜	夜								
明	明	明								

2. お客（　　　）さんは明日（　　　）朝（　　　）9時に店（　　　）に来ると言（　）いました。
   Der Kunde sagte, dass er morgen um 9 Uhr zum Geschäft komme.

客	客	客								
朝	朝	朝								
店	店	店								
言	言	言								

3. 打（　）ち合（　）わせは3時ごろ終（　　　）わると思（　　　）います。
   Ich meine, das Vorgespräch endet gegen 3 Uhr.

打	打	打								
合	合	合								
終	終	終								
思	思	思								

4. かのじょはとても親切（　　　　　）な人ですね。
　　Sie ist ein sehr nette Frau, nicht wahr?

親	親	親									
切	切	切									

5. 電車は5時半に 京都（　　　　　）に着（　）きます。
　　Der Zug kommt um halb sechs in Kyoto an.

京	京	京									
都	都	都									
着	着	着									

4. かのじょはとても親切（　　　　　）な人ですね。
　　Sie ist ein sehr nette Frau, nicht wahr?

84

L. 13 Schreiben Sie die Kanji-Zeichen in die Kästen.

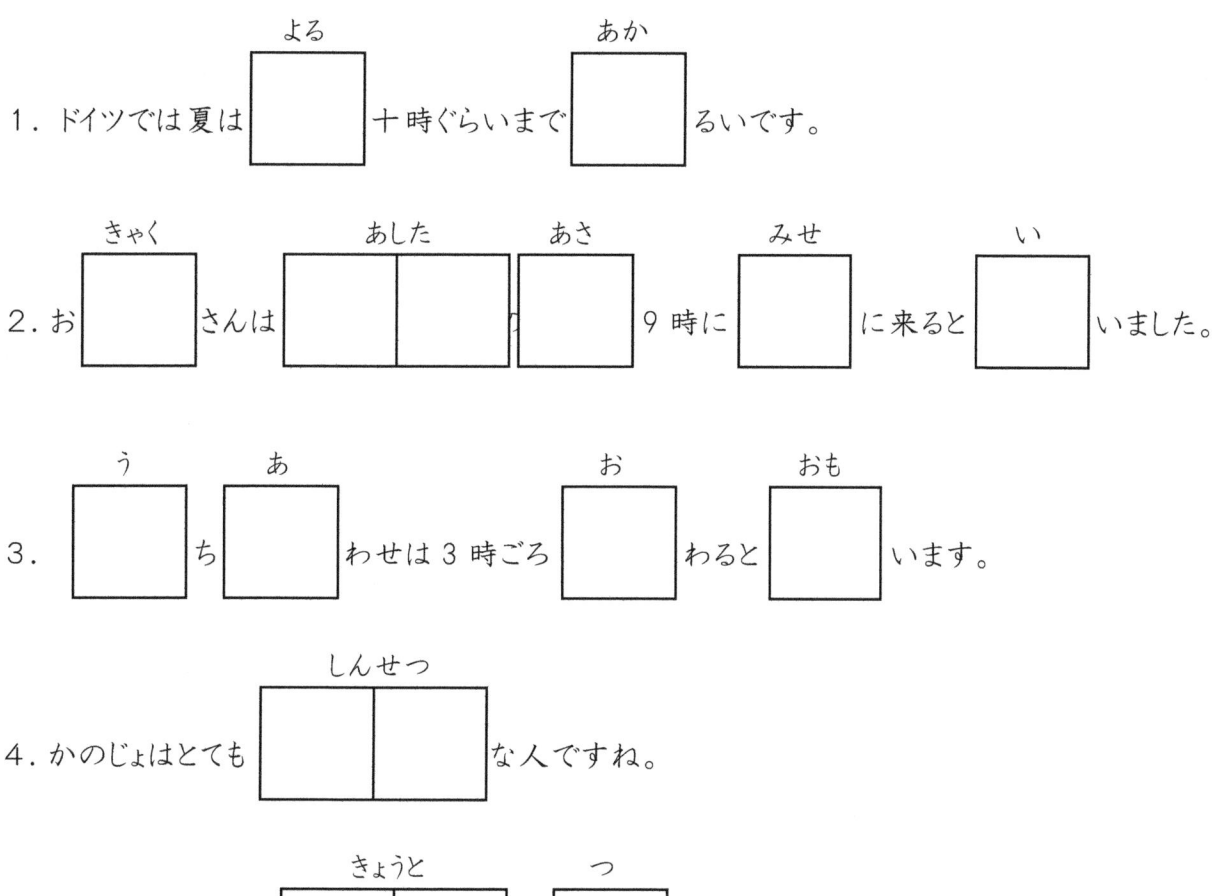

1. ドイツでは夏は 〔よる〕 十時ぐらいまで 〔あか〕 るいです。

2. お 〔きゃく〕 さんは 〔あした〕 〔あさ〕 9時に 〔みせ〕 に来ると 〔い〕 いました。

3. 〔う〕 ち 〔あ〕 わせは3時ごろ 〔お〕 わると 〔おも〕 います。

4. かのじょはとても 〔しんせつ〕 な人ですね。

5. 電車は5時半に 〔きょうと〕 に 〔つ〕 きます。

L. 14 Schreiben Sie die Lesungen der Kanji in (   ) und üben Sie Kanji.

1. ドイツと日本の文化交流(   )について調(   )べるつもりです。
   Ich habe vor, den kulturellen Austausch zwischen Japan und Deutschland zu untersuchen.

文	文	文										
化	化	化										
交	交	交										
流	流	流										
調	調	調										

2. 焼(   )き物のコースに参加(   )しようと思います。
   Ich habe die Absicht, an einem Töpferkurs teilzunehmen.

焼	焼	焼										
参	参	参										
加	加	加										

3. ここには古い芸術品(   )がたくさんあります。
   Hier gibt es viele alte Kunstwerke.

芸	芸	芸										
術	術	術										
品	品	品										

4. 日本茶（　　　　　　）がとても好きです。
　　Ich mag den japanischen Tee sehr.

茶	茶	茶									

5. 私はヨーロッパの古い時代（　　　　）の歴史（　　　　　）にきょうみがあります。
　　Ich habe Interesse an der europäischen Geschichte in alter Zeit.

代	代	代									
歴	歴	歴										
史	史	史										

6. その計画（　　　　　）は中止（　　　　　　）になりました。
　　Es wurde festgelegt, diesen Plan aufzuhören.

計	計	計									
止	止	止										

L. 14 Schreiben Sie die Kanji-Zeichen in die Kästen.

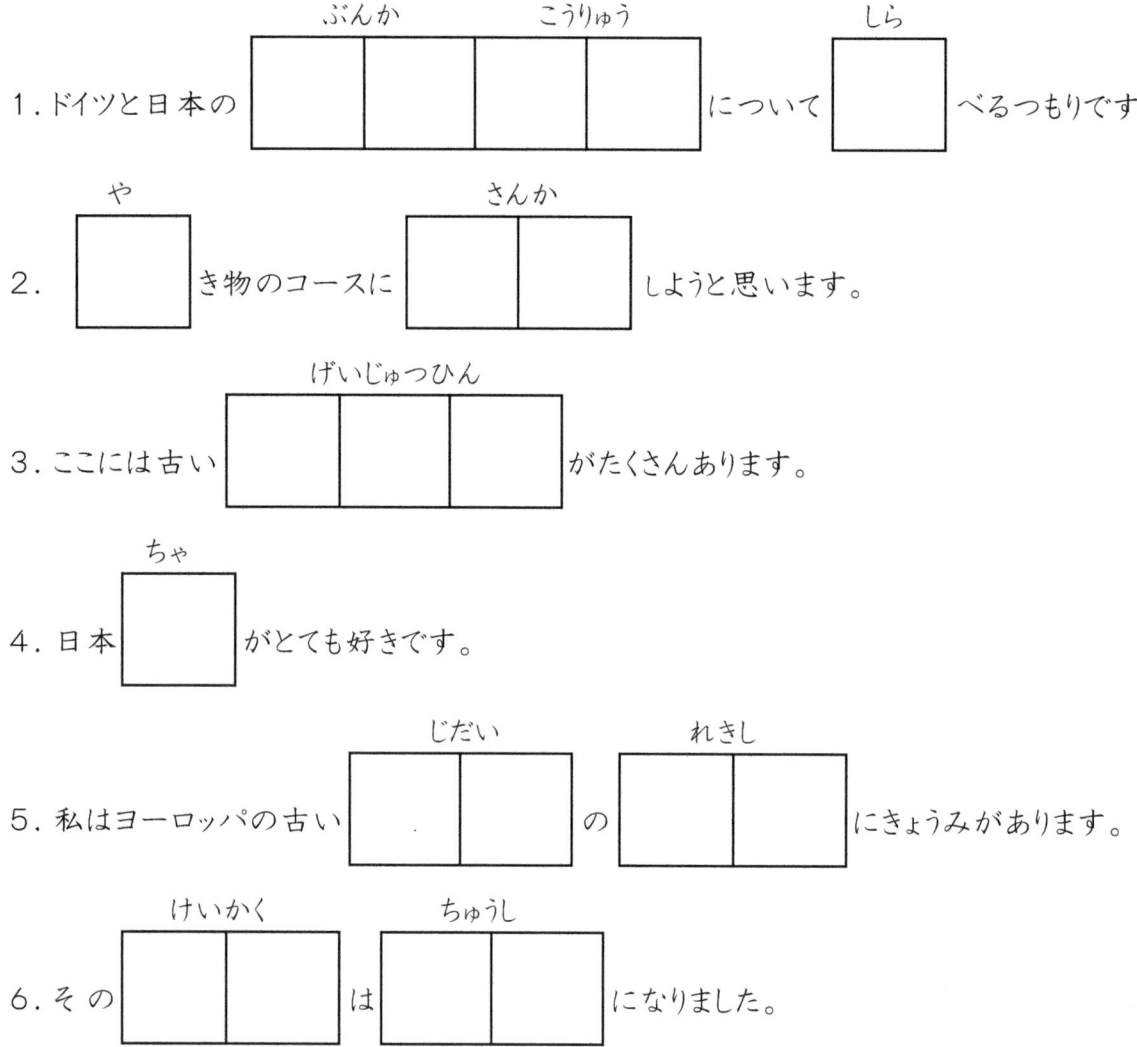

1. ドイツと日本の　ぶんか　こうりゅう　について　しら　べるつもりです。

2. や　き物のコースに　さんか　しようと思います。

3. ここには古い　げいじゅつひん　がたくさんあります。

4. 日本　ちゃ　がとても好きです。

5. 私はヨーロッパの古い　じだい　の　れきし　にきょうみがあります。

6. その　けいかく　は　ちゅうし　になりました。

L. 15 Schreiben Sie die Lesungen der Kanji in (   ) und üben Sie Kanji.

1. かれはとても力(   )が強いです。
Er ist sehr kräftig.

力	力	力									

2. かのじょは美(   )しい風景(   )の絵(   )をかきます。
Sie malt schöne Landschaftsbilder.

美	美	美									
風	風	風										
景	景	景										
絵	絵	絵										

3. 銀座(   )の意味(   )がわかりますか。
Kennen Sie die Bedeutung der GINZA?

銀	銀	銀									
座	座	座										
意	意	意										
味	味	味										

4. 他(   )にどんな浮世絵師がいるんですか。
Gibt es außerdem noch andere Ukiyoe-Meister?

他	他	他									

5. この道(　　　　)をまっすぐ行ってください。大きい建物(　　　　　　)あります。
   Gehen Sie diese Straße geradeaus. Da befindet sich ein großes Gebäude.

道	道	道									
建	建	建									

6. かれらは毎日船(　　　)の上で生活(　　　　　)しています。
   Sie leben jeden Tag auf dem Schiff.

船	船	船									
活	活	活									

7. 駅のキオスクでこの雑誌(　　　　　　)を買いました。
   Ich habe am Bahnhofskiosk diese Zeitschrift gekauft.

雑	雑	雑									
誌	誌	誌									

5. この道(　　　　)をまっすぐ行ってください。大きい建物(　　　　　　)あります。
   Gehen Sie diese Straße geradeaus. Da befindet sich ein großes Gebäude.

L. 15 Schreiben Sie die Kanji-Zeichen in die Kästen.

ちから

1. かれはとても ☐ が強いです。

うつく　　　　　ふうけい　　　　　え

2. かのじょは ☐ しい ☐☐ の ☐ をかきます。

ぎんざ　　　　いみ

3. ☐☐ の ☐☐ がわかりますか。

ほか

4. ☐ にどんな浮世絵師がいるんですか。

みち　　　　　　　　　　　　　　　　　たてもの

5. この ☐ をまっすぐ行ってください。大きい ☐☐ があります。

ふね　　　　せいかつ

6. かれらは毎日 ☐ の上で ☐☐ しています。

ざっし

7. 駅のキオスクでこの ☐☐ を買いました。

91